耋年書懷

劉錫洲回顧錄

劉錫洲著

文學叢刊
文史哲出版社印行

國家圖書館出版品預行編目資料

耋年書懷：劉錫洲回顧錄 / 劉錫洲著 -- 初版 -- 臺北市：文史哲，民 102.07
頁；公分（文學叢刊；299）
ISBN 978-986-314-123-5（平裝）

848.6　　102012629

文學叢刊 299

耋年書懷

劉錫洲回顧錄

著　者：劉　錫　洲
出版者：文史哲出版社
http:// www.lapen.com.tw
e-mail：lapen@ms74.hinet.net
登記證字號：行政院新聞局版臺業字五三三七號
發行人：彭　正　雄
發行所：文史哲出版社
印刷者：文史哲出版社
臺北市羅斯福路一段七十二巷四號
郵政劃撥帳號：一六一八〇一七五
電話886-2-23511028 · 傳真886-2-23965656

定價新臺幣三二〇元

二〇一三年（民一〇二）七月初版
二〇一六年（民一〇五）五月修訂再版

ISBN 978-986-314-123-5　　08299

耋年書懷

——劉錫洲回顧錄

目　次

二、西樓油詩……五九

三、西樓絕句……一五三

四、西樓雜文

螽斯衍慶—全家福

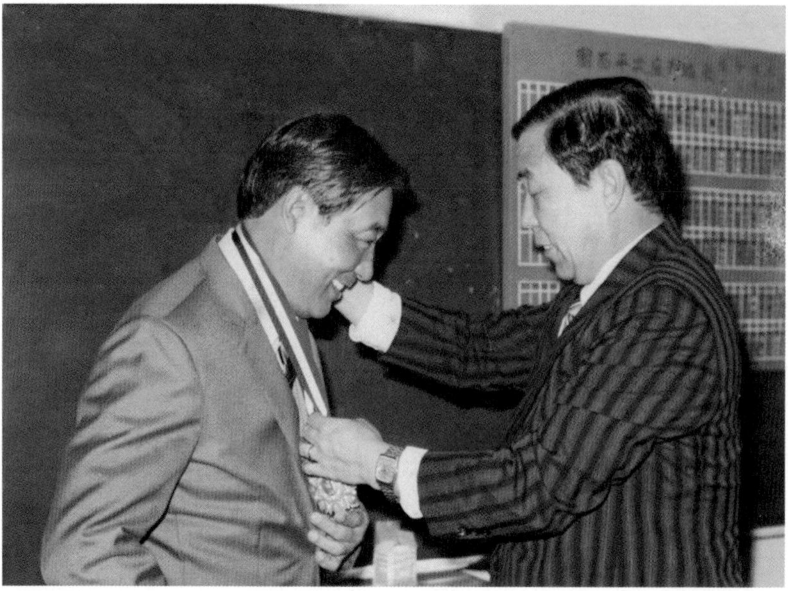

昨夜星辰昨夜風

世間何物催人老

教育界服務資深獲頒　八德獎章

教育界考評優良獲頒　服務獎章

教育界服務二十年獲頒　孔子肖像

含飴弄孫自娛晚

年老樂在抱孫閒

春風風人夏雨潤　高三商科學生畢業贈匾謝師

少小離家老大回 —— 開封

欲上青天覽明月 —— 長城

朝辭白帝彩雲間 — 三峽

山近月遠覺月小 — 湖南

昔人已乘黃鶴去 — 湖北

溫泉水滑洗凝脂 —— 華清池

丞相祠堂何處尋 —— 杜甫草堂

夜半鐘聲到客船 —— 蘇州

湖湘子弟滿天山 — 新疆

黃河遠在白雲間 — 甘肅

秦時明月漢時關 —— 嘉峪關

禪心已作沾泥絮 —— 千佛洞

故人入我夢今夜思千里 — 鄉親

一曲離歌兩行淚 — 兄弟遊頤和園

一、西樓拾記

序

胡適先生鼓勵人人都該作傳。但這一頁頁並不是瑰麗的傳記文章，也不是雋永的文學小品，只是在動盪不安的時代中凝冱的過往舊事，滄海桑田下的吉光片羽而已。

雁户流庸的青少年生活，最後落地生根在這瀛海中的寶島台灣，但是馬首依北風，越鳥朝南枝，鄉關何處尚且不或忘，先人溫、良、恭、儉的遺風，恢宏大度的胸懷，胼手胝足的創業，更是不可不知曉，爰將浮生中撿拾十事以記之。

稿作期間，每完成一篇，老妻總是先睹為快，然後以讚賞作為鼓勵，稿成由兒媳電腦打字後校對，再打字又校對，一次一次，不曾厭其煩地完訂成冊，這裡一并致意，謝謝常青！謝謝文妮！

西元二〇〇四年於台北辛亥樓

河南獲嘉東張巨

夏朝禹王分天下為九洲，即冀、兗、青、徐、揚、荊、豫、梁、雍。豫州就是現今的河南省，因此河南省簡稱豫。本省歷史悠久，人文薈萃，交通發達，如先秦時的老子、墨子、韓非子等，都籍屬豫州地。豫東開封，北宋稱汴京，曾是七朝古都。豫西洛陽，是仰韶文化故鄉，歷經九代王朝。豫南信陽的雞公山為避暑勝地，山中中西別墅建築錯落有緻，每逢盛夏酷暑，中外遊客絡繹踵至。豫北安陽，人稱夢幻之都，有商代殷墟遺址。五嶽中之中嶽嵩山，為禪宗發祥地，少林寺即傍其旁，名山古刹相互輝映。全國鐵路交通大動脈，縱貫南北的京廣線，橫亙東西的隴海線，兩線交會於省會即地控中原的鄭州市。

河南省位居九州之中，素有中州、中原之稱，昔日英雄豪傑之士，每稱逐鹿中原雄踞天下為壯志，也正因為如此，每當朝代更迭之時而輒為兵燹之所苦。

獲嘉，春秋時屬晉，稱甯邑，東漢置縣，武帝元鼎五年，南越王趙興屬臣呂嘉作亂，帝命大將路博得、楊傑討伐之，越一年，大破嘉軍，嘉被擒斬首解京，適武帝車駕巡幸山西省夏縣，聞報，遂將呂嘉首級所至處，命名獲嘉。縣城原本夯土成垣，至清康熙二十三年間，始廢土構磚，從此崇巖壯麗，屹然偉觀。城設四門，東曰承恩，門外有同盟山，為周代武王伐紂，會合諸侯設壇誓師之地，山右飲馬、浴馬池，千百年來不曾乾涸。西曰通武，門內建孔廟，建築宏偉莊嚴，每歲祭祀享以太牢，舞以八佾，典禮隆重而盛大。南曰廣暉，門外三里處有周文王塚，所留碑碣鐫刻精緻，至今鏤文晰明。北曰揆文，門北三十餘里即太行山脈，每當雪霽天晴，群峰皚皚銀妝，氣象萬千。

本縣交通便利，人民忠厚勤奮，但不過只是一農業小縣而已。

東張巨，居縣城迤西南約十公里許，劉氏聚族而居，生活於此已十數代之久，始祖 見龍公，山西移民落户，後世子孫詩書傳家，至清道光年以後，五世祖景高公等誥封太學士二人，景川公等庠生四人，六世祖清泗公等舉人五人，七世祖方仲公等廪生、方茂公等監生各四人，八世祖鎮岱公任朝中三品銜侍郎，九世祖名馨公任均州知州，此外任教諭及訓導侯者六人。十世祖，即高曾祖父舉人方平公，因同治年間捻軍起事，獨輸白銀四十萬兩建寨保安，寨竣亂靖，即慨輸為衆有。

祖父鳴功公，善陶朱居積，挈我伯父宗倫公、宗藩公，及父親宗澤公昆仲三人，父子戮力協心，昕夕惕勵，創設南北雜貨、油坊、中葯、典當、出口貿易等商號，以餘利盈積購田畝，築宅舍，家道由剝再復，豈料世道無常，因此錙銖之有，竟遭獲罪，而僥幸的虎口餘生者，無奈之餘，只得寄希望能夠壽如彭祖一般，待之後七百八百年時侯，能夠親眼目睹史家將對這一代的作為是褒或是貶，但世事多蹊蹺，僅只也不過三數十載時光，即既改革又開放，又將私有財產保護入憲，居上位者，似乎驟然之間由夢魘中驚醒了，如今舉國富庶而繁榮，這不顯見今日是而昨日非了嗎？

祖考已大去，宅舍悉傾圮，田畝、商號盡易主，一切俱已成了過往。父親客死異鄉，孤魂飄零，生不能隨侍在側，死又不能與夢相接，錐心之痛則永無窮盡之期！

峰火兵燹營寨頹

東張巨砦垣，肇建於清同治年間（西元一八六五年），因洪楊起事作亂地方，我高曾祖父舉人方平公，即慨然解囊獨輸白銀四十萬兩而不惜，力疲心瘁奔走擘畫而不辭，創非常之舉，斯砦乃成，造無窮之福也。砦為精鑄青磚砌建，峙高二丈有奇，築設堞垛千四百七十有三，開迎府、臨武、啓文、來熏四門。四門譙樓矗立，景象萬千，內外雙濠護繞，遞加精緻。砦之東南隅座文昌閣，地靈人傑，俊彩星馳，然不幸，竟毀於日寇侵華，惜乎痛哉！

七七變起，華夏見凌，中華兒女敵愾同仇，前扑後繼抗日救亡，毀之交通，襲之兵運。迨一九四一年，日寇途窮畢現，時有漢奸之輩仍無恥求榮，指引日寇毀我砦垣，以資助鐵路沿線修築碉堡所需之磚材，妄圖苟延頑抗。嗟呼！巍巍金城，磐磐湯池，悉遭夷平，良堪悲嘆！日寇寇我，姿意妄為，且行徑猖狂，掠我珍寶之外，宗人憤而抗議獲罪而殘遭殺害者二人，酷刑電殛致殘者十數人，慘不忍言也，斑斑血淚不敢或忘，追懷先德，昭示子孫後世，式軾憑之。

年少滄桑艱險巇

日前學長少君成婚，我剛踏入禮堂，先已入座的「八仙」即高喊「八仙」來了！令在座者好生訝異。

據唐代李白傳載：白與賀知章、崔宗之、李適之、王璡、蘇晉、張旭、焦遂為酒中八仙。元雜劇：漢鐘离、張果老、韓湘子、李鐵拐、曹國舅、呂洞賓、藍采和何仙姑為渡海八仙。話說東海之外，兀突一座美麗之島，高山危聳，雲霧飄渺，林木蔥鬱、奇葩如錦，八仙各顯神通登臨這蓬萊仙島棲止。我們互道「八仙」者，乃指後者故事。

一九四八年秋，國、共雙方，陳兵佈陣，彼此重兵屯集，徐、蚌大戰一觸即發之前夕，學校當局奉教育廳令，南遷江西省，校長先已率領部份師長同學出發，兼程南往，頃刻之間，校園中競相走告，有竊竊私語者、有徬徨無依者、有焦慮不安者，總之同學心中多數心搖懸旌。自忖欲隨校南遷，剋即由鄭州返里，稟告父母心意，請求允諾成行，父親的反應是一聲浩歎，之後即危座愀然不語，我不敢正視，只是偷偷一瞥，但見閉目捋鬚，好似沉思於矛盾與無奈之中。母親則再三憂心，背井離鄉，艱難險巇而不可測，但終於在絮語不休的乞求中，百般無奈的免強示允。將為我姐姐出閣辦嫁妝奩賸餘的五塊銀元給了我，詎料，母親的情緒一時之間，如黃河潰堤似的失了控，哽咽欷歔，潸然淚流不止，似乎預感此別就是母子永訣了！

期日，八位同學沆瀣一氣，負笈啓程，時序已漸入寒冬，天地蒼茫，朔風悲號，且大雪沒脛，手足僵勁地無法屈伸，由兵革交鋒的壘陣中潛行，牲命之阽危，就在彈指之間，生命的價值就如同薤露。路程尚未逾半，盤川已經用罄，飢寒與恐懼交迫，身心痛苦備至，所謂餐風宿露，櫛風沐雨，遊子羈旅的我，是深深地品嚐了它箇中的真滋味，迨抵達目的地時，衣蔽鞋破，蓬首垢面，看來已似我非我了。

離鄉非為鼓腹而游，弦誦朗朗書聲再聞，在此碧雲天，黃花地，大回春之際，又驀然傳來震天價響的隆隆砲聲，狼煙再起，烽火又逼臨這江南小鎮來了，輾轉由贛入湘，自湘抵粵，「八仙」渡海就要各顯神通了。一路同生死、共患難的八位同學，其中賈良臣、田景勛二位首先失散，幸運登臨「仙」島者，為田震亞，今定居加國，任教加國大學，許立仁任教基隆女子商職，申寶華任教桃園縣內壢國中，邢汝道任職警界，馮韶華寄居美國，都已是垂垂耄耋暮年人了，韶光易逝，往事俱即將成為過眼雲煙了。

母親啊！您今居何方？十年浩劫俱都已獲得平反，依法、以理也應該羽化而登仙境去了吧？

勤勉奮力向前進

一九三七年，七七蘆溝橋事起，國民政府領導全國軍民，英勇抵抗日本侵華，浴血抗戰八年，始獲得最後勝利，但民生凋敝，極待厚生養民，不料國事蜩螗，人心臬兀，因之烽火又起，一九四九年杪，中央政府由南京遷來台北，軍民人等大約二至三百萬人之多，前後陸續追隨抵達台、澎、金、馬地區，一時之間眾還雜沓，人浮於事而謀生困難。原本隨同學校各地播遷逃避烽火，如今跨海來到這靖難之地，離開師長、父母、家鄉的青年人，在這茫茫人海之中，不知將如何地活下去，無奈之餘，連袂郭君景星學兄冒失地闖進辦公廳舍，面見當時官任台灣省教育廳長，知名教育家陳雪屏先生求助。五十年後的今天，回想起這件魯莽往事來，仍不禁赧顏耳赤。不過在當時也實在是出於無奈的冒失啊！

後來三餐雖然可以勉強糊口，但既拂逆志趣又不勝體力，這一年的中秋節夜晚，思念父母，懷念家鄉，心中著實受不了這萬般的苦楚，不能自己的啜啜飲泣長夜，不過並未有助於現實生活絲絲毫的改變。越年，幸運地得到前河南省府教育廳廳長，時任考試院考試委員張儐生先生的薦介，派令宜蘭縣國民小學教師，雖然是僻陬鄉村，但畢竟是自己的職志與興趣，著即與摯友郭君景星兄啓程往就。其時社會經濟蕭條，政府財政拮据，因而軍、公、教人員待遇極為微薄，每日三餐青菜、豆腐、糙米飯，已美如華筵珍饈，隨身僅具縕衣一套，敝被一疊，除此之外別無長物，雖然如此惡衣服，菲飲食，但仍然覺得樂在其中。

一九五四年調校服務來到台北市，都市學校畢竟優於鄉村學校頗多，師資齊一，校舍宏偉，校園怡雅，教學設施完善，此外竟然還備有單身宿舍數間，雖然三人一室，但每人一床、一桌、一椅，且也窗明几淨。我與余、曲二位老師三人共室，彼此個性雖然鑿枘不投，但相互尊重，也就少見齟齬。余老師中年人，身材矮胖，言語斯文，道貌岸然，但不嗜潔淨，每當他面現靦腆齜牙微笑時，彼此即已暸然於心，他徐徐趺坐入床之前，先脫去襪子，稍頃，即以手攀趾，或搓、或捏，面部則時而現顰又時而見舒，變化千萬而不一，此時腥臊汗臭盈室，如入鮑魚之肆。那位曲老師年輕人，一表人材，態度浪漫，行動倜儻，酷喜流行樂聲，課餘之暇，曲臥在床，二郎腿高蹺，且以手擊股與收音機的頻道一唱一和，沉醉在啁哳擾人的噪音中。就是如此這般的一日復一日地過生活。

晉中學教國文，一直是多年來的夢嚮，為了圓夢，每天當學生放學之後，一天的工作結束了，也就是自修的時間開始，因為在宿舍裡「諸事不宜」只得躲進教室裡去，一燈熒熒，冬天嚴寒，案冷凝冰，夏天酷暑，背浹汗流，天天欲罯始罷，奮力地不敢稍有怠荒暴棄。越明年，應中學國文教師資格考試，但不幸落榜，又一年，始欣然地如願。之後由小學來到中學，受聘國文教師。勤之、勉之、兢兢業業的年勞四十載，其間除第一年因時間不滿一學年不予考績之外，三十九年之中，工作成績考評都榮獲甲等，這大概悉由於不因循不怠惰而使然吧！

柴門甕牖生計難

六〇年代初，社會上廣為流行五子登科之況。所謂五子登科者，意思即是一個從事於公職的單身漢，如果有能力娶妻子，生兒子，買房子，購車子，而且儲蓄了金子，此五子俱已齊備的話，今後的生活就可以說是完美、充實而無憂無慮了。按登科一詞，原源於科舉時代，試士之年曰科，及第曰登，意謂五子俱已中式謂之五子登科。這是好戲謔者以古事附會今人之說罷了，顯然彼五子登科並非此五子登科，不過彼此之間也確有它相通之處，那就是兩者都一樣難以一并獲而致之。

一句流行語，必也有它時代的背景因素存在，所以流行五子登科之說，因素之其一，是政府當時財政拮据，公職人員的薪俸太微薄，所以求偶難博青睞，因而娶妻不易，其次是政府大力推行計劃節育，子女限生二人，不管生男或生女，兩個以內始可以享予各項補助費，如生育、實物配給、就學等。其三、房價太昂貴，一户四口之家可以容身的小公寓，價格約是公職人員二十年薪俸所得的總和。其四，一輛小型國產裕隆廠轎車，售價與一户小公寓相埒。其五，養家活口但求溫飽已屬不易，又何來黃金儲蓄之有呢？五子登科之説雖嫌俗一些，但必竟也算是饒富意趣，反映時代的創造流行吧！

一九六三年結婚，任教台北縣省立工業職業學校，校址地處僻遠，妻子還在台北市工作，夫妻二人兩地分住，必迨星期假日始得以團聚，兩地奔走又有太多不便與生活上的浪費，後經摯友鼎力薦引，得以轉任台北市郊的縣立中學任教，心中萬般高興當然不在話下，竟然還有眷舍可以配住，更是喜出望外了。

學校規模雖然不太大，但創校卻遠在日據時代，原為農業職業學校，設置農事科、養殖科、蓄牧科等。原來教職員所配住的所謂「宿舍」，竟是當年蓄牧科圈養的豬舍。不過這並非是校方有意糟踐人，如想要配得進住的話，還須依序等侯呢！如此看來，也該算是儒林外史中新添的一章吧！

所謂凡事應歡喜從眾，但不歡喜又將如何呢？兩手空乏兩袖清風，捨此即無遮風蔽雨之所，人生之悲莫尚於窮困。子女相繼來到，一家四口生活在荒煙漫草的山坡下，籬院蚊蚋擾人又蛇虺出沒，陋室中柴門甕牖，逢雨屋漏，心中雖然百般無奈，但又有何能力去改變現實呢！

一九六八年暑假，機緣際會地，幸運之神尋尋覓覓地終於找到了對象，得到台北市私立商業職業學校專任教師聘書，漫漫十年時光，終於買了房子，雖然它小而陋，但潔而不見寒磣。

語云：治生之道莫尚乎勤。，日日夜夜的勞形疲憊，克勤克儉地終得到了收穫，不禁感慨繫之！

生日快樂懷母難

浮生若夢，人生幾何？健康長壽者也不過百歲春秋而已，在此短暫的人生道路上，芸芸眾生之中，一路走來卻又各不相同，有人一生平順、幸福，有人一生乖舛、苦惱，又有人前半生與後半生異同。人生無常，際遇各一，總之人生當該積極勤奮地掌握有限人生，亦庶幾無忝所生。

馬齒徒增，今逢七十歲生日，老妻獻吻，兒子拜壽，女兒來電話祝賀，一時之間熱鬧非常，心裡也就感覺陣陣欣然。早飯後，偕老妻趨步登山仙跡巖，此山座景美溪之陽，距家不遠，山巒疊翠，溪水潺流，山林蔭翳，群鶯翻飛，在平疇沃野之間起伏迤邐，雖不是什麼所謂雄、奇、險、秀的名山，不過陋室銘中不是說過，山不在高有仙則名嗎？傳說此山，當年八仙之中的呂洞賓，追求何仙姑曾窮追不捨跨海追來到此。故事信不信由你，憑虛御風還以巨石墊足，留下了足印為證呢！已經汗流浹背氣喘吁吁了，又一陣極力之後，已而，登臨山巔，視野為之豁然開展，翹首之間，不自主地走入沉思之中，懷念母親慈暉，謦欬立現。

生母姓李諱繼坤，籍隸武陟縣，稟性克己恭儉，思維智識綿密，終其一生之中則鮮少享受一日之歡欣，年少時，因哺育子女而操勞，中年之後因烽火兵燹而流離，年祚僅逾五十歲，又不因天年而自經，勞瘁一生，苦難一生。孩提之時，身體羸弱多疾病，每於中夜覺寢哭嚎不再入眠，母親即時驚醒，即擁被入懷撫慰，母子相視默然，從未有因此而見詰責。追惟往事，仍歷歷地彷彿就在眼前，但天人永隔已逾五十多年的漫長歲月了。

母難日的今天，內心愧疚自責，生不能盡養，歿不能盡哀，行負孝道，心中感覺終生之痛。午前，沐浴更衣，謹薦父母馨香一瓣，以示不忘慈教之恩於萬一。母親鞠我、顧我、腹我、親恩浩然如昊天之無極，但又為什麼獨我而不卒呢！

老妻老驥心疲憊

人類世界裡宗教何其多，試探其源，蓋因人生之中不能沒有宗教信仰，因為宗教建構希望，信仰產生力量。遜清末年，民初大學問家梁啓超先生則在眾多宗教之中篤信佛教，他說：信佛乃智信非迷信。佛教教主佛陀，乃釋迦牟尼尊者，本天竺國之有道，參悟正果之後即是覺悟宇宙真理的覺者，復為徹知宇宙真相的智者。所以開智慧，證覺悟，除煩障。

佛教東傳之後，家家彌陀佛，户户觀世音，對於觀世音的信仰，正如華嚴經形容說，菩薩清涼月，常遊碧淨空，眾人心垢淨，菩提月現前。心生清淨，自然千江有水千江月，萬里無雲萬里天。

老妻篤誠佛教徒。出生後適遇直歲荒旱大飢，人有菜色，塗有餓殍，及其稚齡之年，又舉家渡海來台，生活困頓，歲月寂寥，人云歡樂童年，而時乖運蹇者又何來歡樂之有呢？二十二歲聘歸，主中饋，每日開門為柴、米、油、鹽、醬、醋、茶七件事而煩心，養兒育女為子女成長而煩惱，身體羸弱，又為兩耳失聰而煩苦，但終於佛至心靈，佛生因緣，禮佛之心由此而端生，正信般若智慧，正信慈悲德行，於是三皈五戒虔敬地皈依了佛祖。

由於熱切地渴望親近佛心，因此家中設立了佛堂，將原為一間陋室，一番經營之後於焉煥然一新，慈悲莊嚴佛菩薩觀世音奉座佛龕，先祖靈位享祀其旁，每日，清香裊繞，五體誠敬地禮佛，因而千江月，萬里雲，清淨心生。

佛說：諸法皆空，緣起性空，沐受佛喜不感傷，感恩佛法不沮喪。春風太和景運天開即踵而至之，人生何其快哉！人生何其自在哉？攜子之手與子偕老的祈願，必也將可以如願以償。

耄耋之年且自安

史記天官書中說：狼比地有大星，曰南極。這就是眾人所熟知的所謂壽星，此星地處南極天邊，靠近天狼星旁，發光極強，但僅只每年二月一次而已，且頃現又瞬間逝去，所以古人即取其名曰老人星，由此可以具體地說古時耄耋老人乃難得一見的稀有者。

今天台灣社會醫療制度日趨臻善，疾病痌瘝者日減，年祚延長者日增，不管在大街或小巷中，處處皆有耄耋者現身，老年人口已達人口中的百分七之強。雖然如此，不過醫生則告誡說，身體機能將分由兩階段自然地退化，第一階段是年近四十之前，第二階段是年過七十歲以後，身體狀況將更趨於顯明地急遽退化，此後血氣益衰，暮氣日沉，宜善自珍攝以養生。

身體原本健康，個性又好活動，原以為先天基因遺傳使然。退休後已逾花甲之年，每天早晚運動兩三小時始罷，且又每週一次郊遊，諸如春天陽明山踏青、夏天白河觀荷、秋天木柵品茗、冬天太平山賞雪，精神矍鑠又縱步如風。今年的作息意欲一如往昔，運動、郊遊，卻屢覺足力疲乏，慵懶惡動，始警覺醫生之言果然無差。匆匆之間已年逾七十了，因此心中悚悚然憂慮萌生。

由憂慮中頓悟，雖然不再擁有童年的笑靨，青年的活力，中年的健壯，但那只不過是人生歷程中的一個階段而已，成敗、榮辱、苦樂、盛衰，始構成人生歷程中的全部。如果能夠充實生活的意義，體認生命的價值，頤養天年，雖逾百歲，將也渾然而不知老之將至！

少小離家老大還

一九九三年教職尚未屆齡，提早了四年，於二月一日，從台北市立高級商業職業學校退休，遂又第二次應聘台北市私立商工職業學校任教，三年後因為雙眼白內障手術而辭聘。此後本來可以浮生日日閒了，但又不願呆坐在家，從此就寂寞養殘生，因而突然發想，何不趁此時間週遊列國呢？俗話不是說：行萬里路勝讀卷書嗎？既可以增長知識，又可以減少寂寞，乃一舉兩得的一樁美事。

年齡雖然已將近七十歲，不過體能還都健康，於是著即攜手老妻，結伴朋友，以三年時間遊了六個國家。從中見識了日本自從明治維新之後發揚了大和民族的實事求是，凡事不苟的精神，蛻變成為現代化，進而入列世界強國之林。美國自從林肯當選總統之後，因為解脫人民思想的束縛，而以曠達胸懷的價值文化觀，嬗變為世界強國之首，都是其來有自，而非虛名浪得。此外，義大利文藝復興時期藝術的富麗，瑞士冰河的怡幽，法國香榭大道的浪漫、凡爾賽宮的璀燦，英國西敏寺的莊嚴，大英博館的豐富，都著實的開了眼界。

三年之後，又展開了像徐霞客似的故國山河覽勝之遊。始遊北京，初見故宮的宏偉、頤和園的秀麗、長城的雄壯，定陵的奢華，越年又舊地重遊了一次，至今仍覺得意猶未盡。越明年遊東北遼、吉、黑三省，白山黑水沃野千里，不過甲午中日戰爭的恥辱，癸卯年日俄大戰的蹂躪，歷年來帝俄蓄意的侵略，卻感覺留給關外人民太多歲月的悲愴！次遊西北陝、甘、新三省，歷史文化陳舖滿地，兵馬俑工藝的精湛，大小雁塔的宗教故事，華清池鮮活的歷史人物，河西走廊四郡漢武帝的武功事蹟，以及邊塞禦敵，嘉峪關的關樓飛閣，在夕陽斜暉中更顯得蒼勁威武。古絲路中吐魯番坎兒井的巧思、妙構，綠洲的豐腴富饒，無垠草原上的羊驅馬馳，或飲或齕，數量之大，蔚為少見的景象奇觀。後遊西南桂林陽朔的漓江山水，果真甲秀天下。入列世界自然遺產的蜀北九寨溝如夢似幻，恰似人間仙境，中華大地山河錦繡如此多嬌。

二〇〇一年八月，籌劃遊長江三峽，再探訪闊別逾半世紀的家鄉，朔日自台北飛香港，由香港逕飛重慶市，欣見巴山蜀水，物華天寶地的秀麗，先品碗茶，又嚐川味獨特的擔擔麵，薄暮時分驅車盤旋登臨枇杷山，極目四望，山川相繆一波萬頃，水光接天萬頃茫然，頓時心曠而神怡。夜暮低垂前，依依不捨中離去，前去搭乘翌日啓碇的皇家公主號郵輪，黎明時分，鳴笛開航，展開了穿山越嶺的長江三峽行。

三峽，即西陵峽、瞿塘峽、巫峽。全長大約三百多公里，素有山水畫廊之譽，三峽之美，美在她的險、雄、秀，所謂無灘不險，無峰不奇，無壑不秀。西陵峽以險聞名，兩岸山奇石怪，灘流千迴百轉，處處扣人心弦。瞿塘峽以雄見長，重岩疊障，隱日蔽天，時時刻刻都使人驚心動魄。巫峽以秀著稱，奇峰兀立，怪石嶙峋，忽然山重水複疑無路，倏而柳暗花明又一村。五天四夜船程，輕舟已過萬重山，安抵華中重鎮武漢市。

夜宿武昌，次日遊覽江南三大名勝之一的黃鶴樓，樓建武昌漢陽門外黃鶴山之首，樓閣巍峨，美侖美奐，登臨其上則有不勝今昔之感慨！又一日乘坐京廣線火車北上，入夜抵河南省省會鄭州市，住宿招待所，徹夜情緒起伏，輾轉不得成眠，這大概就是所謂的近鄉情怯吧？

八月望日，得友人支助汽車二輛，親鄉六人伴同，回到訣別五十五年的家鄉。景象已全然改變，一切截然陌生，田父、村嫗陌額行滕，寬襟大襠的樸拙模樣也全部見不到了。少小離家老大回，感嘆韶華如逝水一般，春花秋月都已渺去無蹤！屈原哀郢句中云：鳥飛返故鄉兮，狐死必首丘。只是了卻一樁心願而已！

懷念父親善教誨

天寒夜長，夢裡醒來中宵寂寥，寐意闌珊，擁被沉坐床上，神思飛動中，陳年往事一幕又一幕鮮活地湧現眼前。

石階上，青磚灰瓦，重檐歇山的宅門樓，黑漆的大宅門，門首掛著【望重鄉閭】的匾額，兩壁磚彫花鳥，兩旁樹蔭夾道，宅門裡是一進又一進的高牆深院，這一群七進的宅院，全都是父親三兄弟在祖父的帶領之下，次第興建所完成。

父親一八八四年十二月八日生，名宗澤、字健全，身材魁岸，面貌祥和，稟性率真，儀態雍容，好與人為善。遜清光緒三十年間習業於武陟河朔書院，所學雖然都是八股文章，但是觀念卻不落伍，思想也不陳腐，對子女既不嚴苛也不放縱，慈嚴並濟地教育我們。

三兄弟中兩位伯父都在中年前後辭世，沒有姐姐，父親只有唯一的妹妹，姑母年輕就守寡，不時的都會帶著唯一的女兒走親戚，回來娘家住些時日，也就常和母親麻將消遣，母親是家中唯一享有「豁免權」可以玩牌的人，但也只限於和姑母等人，我們兄弟姐妹在送茶遞水之際，如果偶然佇足旁觀，父親必定嚴詞告誡，玩物喪志及好賭成性的道理。所以時至於今日，仍生疏各種博弈遊戲。

小學讀書時，學校規定高年級學生須住校，可能是幅員遼闊，交通不夠便捷所以如此，生活起居有點類似軍事化的管理，感覺雖然嚴一點、苦一些，但卻可以即早養成獨立自主的生活習慣。每逢星期假日輕輕鬆鬆地回家，父親卻又總是按時講尺牘、授論語，今天講解，明天一早起床就要背書，如果一字不漏地背念完畢，也就立刻獲得領而笑之的「獎勵」，頓時又興高采烈、滿懷的滿足感。反觀今天孩童物質的獎勵，使之物欲增生而戕害了心理的健康成長。

父親喜愛散步，大都在傍晚時分的田野阡陌間，我也常常一步一趨跟隨在後。家中並不務農，但是父親卻像經驗十足的農夫，這是什麼麥，那是什麼豆，何時收麥，什麼季節採豆。遇到荷鋤老農又一定要我試著鋤地除草，遇到老牛拉犁，也一定要我試著扶犁翻土，此外，劈柴火、汲井水，都曾一樣一樣嚐試過。這不正符合了教育學家所謂的「生活即教育」。「從做中學」的道理嗎？天下父母心，苦心孤詣地教育子女，冀望能夠成立，但是卻早早的就遠遠地離開了他的身邊，這是時也，命也，天意也，但又為之無奈何！

一九六〇年六月六日父親客死異鄉，如今雲逸煙裊五十多年，北京離家鄉又五百公里有奇，千里迢迢關山阻隔，不知道父親能否找到歸鄉路？母親如果九泉有知，一定會十分急切地盼望早日回到身邊團聚吧？

二、西樓油詩

序

二〇〇四年十二月於文山辛亥樓

唐詩李杜二祭酒，
平仄格律謹恪守。
當代有位張大油，
創作油詩吟雪狗；
遣詞用字不要求，
通俗淺顯耳能熟。
我寫油詩與心頭，
刻畫時下人心憂。

幽默

國人幽默感太少，嚴肅面太多。

西方舶來幽默話，
應對態度展風雅；
待人處世作潤滑，
錯誤疏失少隙罅。
遇著難堪好轉化，
人作批評消尷尬；
一旦齟齬可緩頰，
語帶幽默笑哈哈。

醜陋

人類美醜無關面貌，而是心地的善良與否。

心態醜陋氣勢霸，
自由民主嘴上掛；
核子脅迫要聽話，
挑撥是非誰不怕？
軍購雖然出高價，
仔細盤算沒有差；
高額付費保了家，
老美撐腰咱怕啥！

定居

所謂外省人，定居已三代，時間已近一甲子。

逃避兵燹渡海峽，
落地生根這是家；
長久安居心無罣，
命運一體共生涯。
大選之後起變化，
族群撕裂傷害大；
歷史鑑鏡縱不怕，
春秋之筆豈不伐？

畢業

畢業是此一階段的結束，另一階段的開始。

畢業典禮舉行罷，
融入社會再長大；
進取奮發作規劃，
立定目標即出發。
生也有涯知無涯，
努力不懈生命花；
貢獻才能給國家，
暫忘畢業這句話。

國 語

國語是世界所有華人的共同語言。

台灣地方並不大，
語言卻是多樣化；
原民再加閩客話，
鴨子聽雷手比劃。
同一語言供表達，
國語推行根基扎；
只因有意強糟蹋，
國語原罪受扼煞。

孝親

時不我予、孝親及時。

父親生我母育我，
生育劬勞付出多；
慈愛呵護無止輟，
期盼成才鴻圖拓。
兒犯過錯嘴數落，
心中悱惻反自責；
體會親心少犯錯，
時時孝心莫錯過。

智 慧

康熙盛世，與塞外民族是以智慧、和諧相處，而非戰爭。

紫塞明珠勢嵯峨，
清溪垂柳傍亭閣；
山巒環繞樹錯落，
洲島羅列花婀娜。
康熙登基籌帷幄，
文治武功俱顯赫；
木蘭圍場弓箭發，
口外八廟共諧和。

快活

人生短暫，何不快樂的生活？

人生要活快樂活，
虛緲空幻受折磨；
滿足現實便跳脫。
自艾自怨煩惱多，
放寬心胸天自闊；
挫折失敗易墮落，
奮勇自強可越過；
快活人生活快樂。

教子

子女的成長、成就，是父母最大的希望所寄。

養子不教父母過，
年幼教導最適合；
疼愛關懷代嚴苛，
不罰不罵育人格。
步入社會去工作，
環境不順定遇著；
面對橫逆作抉擇，
指導承擔不退縮。

知錯

知錯能改，善莫大焉。

人非聖賢豈無錯，
知錯不改受指責；
道歉説聲我錯了，
顏面無失保人格。
推託假禍陷害我，
又怪別人心偏頗；
左掩右蓋自己錯，
何不認錯得人和。

牛刀

殺雞用牛刀，是否小題大作？

高速公路車輛多，
南下北上繁如梭；
星期假日行不得，
一旦塞車如禪坐。
路間行駛閃又躲，
頭上飛機低掠過；
牛刀殺雞用不著，
努力治安強盜捉。

無錯

二〇〇四年七二中部洪水成災，高山居民生活頓失所依。

中橫梨山原民多，
種植果蔬農務作；
狂風暴雨水興惡，
田園毀壞怎生活？
遷村平地躲災厄，
封山之後移外國；
真知灼見反悖我，
你門無知我何錯？

退休

歲月易逝，形骸已老。

教席退休十二載，
巍巍顫顫體力衰；
過往生活作檢飾，
酸甜苦澀落滿懷。
日夜奔忙走講檯，
家庭生計不易挨；
寅支卯糧聲聲唉，
辛勤可迎幸福來。

寒窗

讀書最苦，成就最樂。

有疑即問心領會，
疑問領會啓智慧；
奮力進取忘疲憊，
寒窗苦讀得占魁。
縝密思考知錯對，
體認真理明經緯；
歷經淬礪愈精粹，
困知勉行啓心扉。

隱私

少談別人隱私，多積自己口德。

閑談莫論他人非，
談人是非德行虧；
引發爭執心羞愧，
增加苦惱添煩悶。
收起長舌把禮陪，
消除口孽增德惠；
美言誇人人脈沛，
別人隱私不置喙。

姻緣

國人相信緣份，說來也有幾分道理。

青春少女綻蓓蕾，
慧眼青年努力追；
海誓山盟永不悔，
百年好合成婚配。
媳婦識禮就是美，
父母快樂心願遂；
醫師診察說原委，
妊娠佳音喜盈門。

保健

預防重於治療，首重飲食健康。

子女從小要指導，
營養均衡很重要；
五穀蔬果嘴不挑，
垃圾食物全拋掉，
慢性疾病不報到。
健康到老無煩惱；
八十還能千米跑，
無病少痛樂逍遙。

笑笑

哭笑都可化解情緒，但哭不如笑的效果好。

情緒放鬆多笑笑，
笑笑少少不易老；
哈哈一笑除煩惱，
活力超人笑聲高。
抿嘴一笑怒氣消，
笑靨輕盈人緣好；
會心一笑情緣到，
面帶微笑是禮貌。

後悔

只因事前考慮欠週到，所以才會有後悔發生。

後悔令人心懊惱，
傷心遺憾受譏嘲；
事情籌劃勿粗糙，
處理態度不輕佻。
諮詢專家更重要，
獨斷獨行最糟糕，
承擔過錯多檢討，
後悔程度可減少。

見證

民國四十年前後，所見國小學童生活情景。

破衣赤腳上學校，
一塊布巾作書包；
飯摻薯籤吃不飽，
放學回家五里跑。
今昔生活作比較，
天壤地別千百遙；
告訴子女應記牢，
感恩惜福同重要。

居　下

所謂居下者，即老二是也，龍頭不好當，老二更難為。

汗馬功勞心不驕，
成功不居不誇耀；
犧牲奉獻不計較，
位高權重不倨傲。
禮賢下士尊德劭，
態度謙和惜羽毛；
忠心不二私心消，
獲得信任交椅牢。

水災

二〇〇四年七一颱風，隔日豪雨成災。

敏督利颱襲寶島，
受創災民痛哀嚎；
巡視災情空中眺。
是否作秀讓人瞧？
六千億元真不少，
省下軍購救災胞；
安居樂業家園好，
民生建設享富饒！

睦鄰

因為工商社會人情疏淡，已不知睦鄰是重要的社會活動。

遠親沒有近鄰好，
家中瑣事互關照；
見面招呼問聲早，
閒話家常常聊聊。
守望相助更重要，
小偷空門想偷盜；
立即警告嚇跑掉，
咸為睦鄰享功效。

胸懷

胸懷大智大仁者，成大事業。

彩霞綺麗難久留，
錦繡前程力追求。
白雲蒼狗穹空遊，
握緊方向莫放手。
巍巍山岳美山岫，
仁者德崇高重九。
碧海浩瀚天際流，
胸懷智者澤九州。

名利

名與利是人生追求的目標，但首先要手段正當。

汲汲營營名利求，
攫取名利貪享受；
如非勤勞累積有，
罪惡陰影繞心頭。
人生不過數十秋，
身外之物帶不走；
幸福乃是仁德厚，
瀟灑泰然得看透。

離散

一九四八年，八位同學離豫赴贛求學。

朔風凜洌金水寒，
同學齊心向天南；
飢餒險阻待考驗，
同門額慶安抵贛。
弦歌聲聲聞寺簷，
八表天外苦難艱；
狼煙飄緲倏復現，
八儕由此東西散。

註：金水是貫穿鄭州市區的河流名。

融　合

何以發生族群問題，人人瞭然在胸。

五胡亂華天下亂，
中原士族渡天南；
主客彼此兩討厭，
時生齟齬不平安。
歷史故事台灣演，
落地生根作土斷；
出生已經改籍貫，
族群融合該實現。

當年

羅同學由美返台探親同學聚會，當日情緒起伏徹夜不能成眠。

同窗知己話從前，
邀約導師齊會面；
趣事糗事又映現，
傾訴不盡午後天。
時光倒流四十年，
當年學生如蕾綻；
老師如今已暮年，
感傷分手相見難。

大選

二〇〇四年總統大選綁公投，引發朝野交鋒。

電視論爭頻頻見，
朝野交鋒話鋒健；
婉美魏晉尚清談，
我是你非駁人言。
喋喋不休街巷間，
大選公投起話端；
詬詈申申聲翻天，
合不合憲是關鍵。

軍演

戰爭殘酷，但願當政者以智慧化解。

海峽兩岸都軍演，
殺聲價響震雲天；
飛機兵艦射導彈，
血光兵燹恐難免。
戰爭可怕心膽寒，
殘破復原三十年；
和平解決免災難，
青史留名萬古傳。

觀念

觀念不能跟隨潮流，就是落伍。

駕鶴西歸入土安，
過時觀念宜改變；
墳場遍山礙觀瞻，
青青山脈多美觀。
骨灰樹灑作貢獻，
林木欣榮長枝幹；
來自自然歸自然，
榮辱貧富同九天。

休閒

舒解身心放鬆自己，健康有益。

現代生活倡休閒，
踽踽安步踱小山；
夕陽西下彩虹現，
一輪皓月掛天邊。
水流淙淙似琴彈，
嘓嘓哇鳴聲和弦；
胸襟舒暢羽登天，
放鬆壓力近自然。

貢獻

人生就是貢獻，就是服務。

人生在世苦也難，
不必懊惱不必怨；
百折不回意志堅，
服務人群莫等閒。
學習石頭出深山，
烈火焚燒千度煉；
製成水泥作貢獻，
粉身碎骨也粲然。

滿足

永遠不能滿足的人，就永遠是個窮漢。

人心欲念高如天，
愈是有錢愈愛錢；
為非作歹心念貪，
前程毀於一夕間。
滿足才是財富源，
精神快樂賽神仙；
榮譽至上勿污玷，
修養品德斷欲念。

閱讀

多讀書，是增長知識的最佳方法

多帶孩子逛書店，
買書看書成習慣；
學校教育有侷限，
課外閱讀知識寬。
沒有錢財是窮漢，
胸無點墨才靦顏；
積腋成裘並不難，
累積學問濟人寰。

風範

具大風範者，始可成大器。

大風範態度謹嚴，
大器度千錘琢鍊；
大智慧鋒芒內斂，
大學問傳世經典。
大事業崇勤尚儉，
大丈夫氣勢龍蟠，
大英雄武功蓋天，
大人物平頭大眼。

儲蓄

儲蓄也是致富之道。

孩子上學零用錢，
給多給少咸為難；
每週定額給若干，
要求記帳列明顯。
鼓勵節省莫用完，
對等再給多喜歡；
郵局開户慢慢攢，
從小培養儲蓄觀。

鏡子

唐太宗的三鑑，國人並不陌生吧！

明鏡可以正衣冠，
文采翩翩容光煥；
衣著端壯氣質顯，
不修邊幅鏡也閒。
明鏡可以古今鑑，
忠良事蹟受人讚；
奸佞小人唾千年，
公忠體國鏡高懸。

吸 毒

滿清的積弱，和國人吸毒脫不了干係。

滿清時代設煙館，
供人吸食作消遣；
殘害身心病夫冠，
南京條約失轄權。
年來街頭頻搶案，
無錢買毒鋌走險；
刑責多是持輕判，
只怕古事又今演。

讀人

離開家庭的成長期，進入社會最重要是要有識人之明。

讀書不如會讀人，
見賢思齊仰德馨；
讀人不如會識人，
辨識善惡好壞分；
識人不如會做人，
慈悲謙和無怨忿；
做人不如會用人，
充分授權委責任。

灰心

不怕失敗，但怕灰心。

一時失敗莫灰心，
窮通禍福未定論；
鼓足餘勇效虎賁，
愈挫愈奮少憤懣。
莫使灰心心中蹲，
起心動念找原因；
面對際遇不逃遁，
經過歷練又一新。

飢餓

一擲千金者是人性的自私。

飢餓人群低呻吟，
三餐不繼淚涔涔；
無限絕望不見飧，
奄奄一息盼生存。
飢餓三十具愛心，
人飢己飢體會深；
民胞物與愛心真，
感恩惜福太幸運。

膏肓

一日病入膏肓，即葯石罔效。

奧運集訓左營港，
慰勞艷舞作犒賞；
鹹豬手來襲舞孃，
缺乏修養言語誑。
港星舉辦簽名唱，
台上台下比脫光；
放浪形骸這般樣，
人無羞恥病膏肓。

福報

星雲大師創辦人間福報，嘉惠讀者。

人間福報刊四張，
編採內容一級棒；
乾淨清潔不沾黃，
奇人異事覽風光。
文學水墨金石賞，
家庭醫藥談健康；
英語學習會話強，
注音故事古今講。

文化

文化是自然的融合，不應刻意的排斥。

外來文化侵我鄉，
這話說來太外行；
自然吸取放光芒，
文化燦爛久彌長。
多元文化齊發揚，
放寬心胸納四方；
同一地球同村莊，
向善發展同輝煌。

花東

花東、是台灣的世外桃源。

文章山水案頭享，
山水文章何處賞？
靉靉白雲藍天鑲，
碧波壯闊太平洋。
谷地平原萱花黃，
群峰毓秀美畫廊；
天然景緻後山訪，
花東縱谷漫倘佯。

榜樣

在家庭，父母要為子女作榜樣；在學校，老師要為學生作榜樣。

醫藥進步人壽長，
長壽老人尊嚴喪；
爭到財產就棄養，
照顧費用不認帳。
數十春秋短時光，
將來自己苦頭嚐；
服侍老人天倫享，
留給子孫好榜樣。

星雲

大師推廣人間佛教弘揚於世界，堪稱一代偉人

天縱英明聖者降，
孔子杏壇儒道揚；
忠孝仁義受敬仰，
華夏文明放光芒。
天際星雲現吉象，
大師弘法壇座講；
慈悲圓融理念彰，
人間佛教世世昌。

宗教

宗教不但可以淨化人心，更可以給人力量。

人人都該有信仰，
信仰力量釋放強；
給人祥和與希望，
淨化心靈除悵惘。
老妻老年耳朵傷，
聽力退化耳鳴響；
煩躁苦惱心茫茫，
禮佛禪坐漸如常。

大國

今日世界強國，是霸道強權，而非王道仁者。

鄭和太監下西洋，
七來七往國力揚；
王道懷柔達彼邦，
文化經濟交流忙。
強大艦隊軍威壯，
不佔領土不強梁；
不欺弱小不殺傷，
泱泱大國斯榜樣。

說 謊

說謊、就是不道德的欺騙行為。

講話誠實不說謊，
父母告誡常常講；
學校教育滿篇章，
耳提面命怎能忘。
善性抑制惡性揚，
自圓其說把人誆；
真相揭穿人格傷，
巧飾緩頰欠妥當。

師生

人與人相處不論關係為何，但貴真情。

學生樸實心善良，
三年肄業導師當；
課業並非甲等上，
操行品德比人強。
師生感情情義長，
數十年間相來往，
噓寒問暖話家常，
快樂安慰精神享。

和諧

和諧是人我之間的橋樑，親子亦然。

雙親雙薪上班忙，
親子和諧勿失常；
傾聽心聲多體諒，
身教言教作榜樣。
尊重人格道理講，
引導迷途正道往；
為人父母不好當，
雙肩責任不能放。

交友

宋、司馬光曾說：非仁不交。交友須要擇友。

芝蘭之室散芬芳，
朱赤墨黑感染強；
不明事禮人狂妄，
言行乖違人浪蕩，
缺乏誠信喜誇張，
不守承諾易撒謊，
結交朋友慎思量；
鮑魚之肆何來香。

樂透

賭博誘人不勞而獲，是歧路、陷阱。

賭博樂透陷瘋狂，
求神問卜擲筊忙；
怪力亂神心迷罔，
財迷心竅失方向。
人心不足蛇吞象，
不勞而獲是妄想；
心緒平靜勿奢望，
慈悲滿足財富長。

放浪

行為放浪，就是品德淪喪的表徵。

佛要金裝人衣裳，
穿著得體氣軒昂；
婚喪喜慶衣端莊，
休閒旅遊求舒爽。
低胸短裙非正當，
露臍露股太放蕩；
形骸放浪乏教養，
衣不蔽體風俗傷。

作息

作息正常，才能得到身心健康。

拎著早餐趕車忙，
上車坐穩忙化粧；
遲過子夜還上網，
瀏覽網路不捨放。
時間管理缺智商，
栖栖遑遑不正常；
作息調配宜適當，
早睡早起免慌張。

威脅

呼應二〇〇四年九月六日聯合報載，石之瑜教授中國威脅論。

中國國力日漸壯，
受辱百年現曙光；
眼見崛起將稱強，
貶抑威脅成對象。
大陸一旦陷戰場，
農田荒蕪缺食糧；
十億飢民躲災荒，
台灣首先遇狀況。

逃犯

二〇〇四年七月二十七日，依據聯合報載新聞。

圍捕逃犯張錫銘，
動員警察二百名；
發射子彈三千整，
從容逃脫入山中。
要借軍方火力攻，
戰車大砲一起轟；
精采可期媲戰爭，
百姓等待賞奇景。

運動

老人多運動是保持健康的良方妙葯。

天天運動要有恆，
風雨阻擋也不停；
走路騎車或游泳，
神經細胞頻運行。
讀書閱報音樂聽，
腦力激盪增功能；
神清氣爽和樂生，
喋喋嘮叨氣積胸。

戰爭

戰爭的勝敗，就是比賽殘酷的結果。

殺聲震天砲聲隆，
你死我活爭輸贏；
屍骨遍野血肉橫，
親人離散家園崩。
希望和平無戰爭，
物阜民豐人康寧；
鄉梓美好又繁榮，
同享安樂共太平。

吸菸

祇要意志堅定，戒煙並非難事。

一菸在手樂其中，
吞雲吐霧筋骨鬆；
提神解勞智慧明，
引發靈感思緒生。
錯誤知識心作用，
吸菸致癌俱明證；
戒除不難意志定，
立即停止保性命。

飲酒

飲酒淺酌無害，過量無益。

飲酒過量醜態生，
踉踉蹌蹌倒西東；
飲酒過量失理性，
行為偏頗害事情。
飲酒過量智不明，
心中隱私兜個淨；
飲酒過量傷體能，
慢性疾病苦無窮。

節日

今天小家庭的結構，珍惜節日的聚會。

八月八日笑語盈，
家庭團聚樂融融；
父母辛苦育雛成，
子女反哺報恩情。
社會變遷小家庭，
生活疏離孤獨生；
家中呆坐似樊龍，
短暫承歡親情增。

信心

歷驚險阻而不被擊倒者，則信心益增。

心靈啓動心動能，
相信成功必成功；
思想邏輯要暢通，
信心產生信心增。
驚濤駭浪行舴艋，
狂風暴雨安如恒；
萬丈高山低處登，
憑藉信心攻頂峰。

處變

人生前途多變，身處逆境，更應沉著以對。

處變不驚心鎮定，
化危為安心機靈；
太過執著迷途徑，
機智轉化求新生。
實事求是不盲從，
不以虛妄作動靜；
踏穩腳步再前行，
求新求變現光明。

經師

經師不易得，人師更難求。

宗教情懷專業精，
以身作則示學生；
活潑教學作互動，
引導啓發育群英。
敬業熱情受歡迎，
授業解惑感情濃；
教學相長增知能，
經師人師受敬重。

放榜

感恩惜福，常記心中。

大學放榜錄新生，
瀋陽張溪心中痛；
歡欣鼓舞榜示中，
母女相擁飲泣聲。
只因父病家中窮，
三餐搾菜配乾餅；
母親賣腎籌費用，
一心送女入黌宮。

潛 能

每個人都俱潛能，只待激發。

天生我材必有用，
你我不必比聰明；
笨手笨腳藏潛能，
激發潛能智慧生。
自我鍛練獲提升，
恆心毅力助成功；
人人潛能本無窮，
一旦激發睥群英。

聽從

俗話說：不聽老人言、吃虧在眼前。

父母教誨要恭聽，
不可忤逆心由生。
老師講課要諦聽，
不可佯作已聽懂。
摯友之言要兼聽，
誠心勸告情義聲。
夫妻互訴要善聽，
恩愛低徊關懷情。

兄弟

俗話說：上山打虎親兄弟，珍惜手足情誼。

同胞兄弟一母生，
倫常親疏已早定；
家庭和睦萬事興，
同心協力事業成。
兄弟鬩牆齟齬聲，
是非訾議理不清；
手足不和夢也空，
最是雙親心中痛。

道路

人生道路漫長，崎嶇不平，必須穩步前行。

人生道路非順平，
先作規劃再前行；
歧路坎坷勿盲從，
不要誤撞死胡同。
腳步穩健放輕鬆，
努力向前尋前程；
平坦路上莫忘形，
追隨智者向成功。

浪　子

所謂浪子回頭金不換，由此可見是一件不易做到的事。

東吳講師李文雄，
曾是浪子恨鬥勇；
狐群狗黨同磨蹭，
賭博吸毒齊起鬨。
揭穿老千把賭贏，
流氓管訓綠島送；
清華畢業研究生，
改過自新人稱頌。

打工

打工賺錢已為時尚，但應慎選場所。

暑假打工一窩蜂，
擠進城市冷房中；
工資到手即化用，
不時傳出被騙聲。
基隆高中一學生，
餵豬採果鄉下行；
鍛鍊體魄悟農耕，
家境富裕並不窮。

光輝

犧牲自己，而成全別人，談何容易。

體壇光輝黃志雄，
勉強自己增體重；
拱手讓人第一名，
何其動人真情景。
我們社會得了病，
相互貶抑乏人情；
族群撕裂怎弭平，
政治傷害運動縫。

金牌

體育場上的成功，所表現出來的是堅忍的意志力。

奧運跆拳雙第一，
興奮欣喜眼淚眯；
一記旋轉飛腿踢，
大聲怒吼造壓力。
進進退退施戰技，
躍起下壓打趴地；
有志竟成多鼓勵，
國人體能並不低。

作文

習作是組織及邏輯的訓練，教改廢作文者真是門外漢。

學習作文熟演繹，
歸納分析激腦力；
強將學測作文棄，
主張刪改不明義。
學生由此即疏離，
言不及義文離奇；
教育政策擺又移，
外行干預內行氣。

夫妻

因情而能生義者，必能地久天長。

比翼連理喻夫妻，
恩愛滋生甘似飴；
情深義重互勉勵，
眷顧家庭享安逸。
婚姻經營非兒戲，
信口雌黃傷情義；
固有道德不可棄，
天長地久情不移。

優質

社會進步文明，青年人生活低俗沉淪。

優質生活雅而樸，
文學書籍多閱讀；
書法繪畫觀展出，
古典音樂常接觸。
言談輕聲徐不速，
舉止高雅質不俗；
態度莊重不嚴肅，
生活優質莫疏忽。

佃農

台灣經濟繁榮，曾為亞洲四小龍之首，緬懷過去，珍惜未來。

佃農減租三七五，
平均地權第一步；
工農各業始復甦，
豐衣足食見基礎。
三軍執戈盤石固，
十大建設齊起舞；
千年盛世非幸擄，
歷史褒貶無謬誤。

優越

凡事抬起頭往前看，遇到問題是克服而不是阻止。

教育當局限生育，
種族優越小格局，
男性明顯多於女，
外來新娘需要娶。
腦筋不必太過迂，
異質配對生珍鈺；
聰明俊美壯碩軀，
新生族群莫小覷。

合作

大概就是潛能的激發吧！

人過三十不學藝，
老妻六十還有奇；
學會上網學修理，
網路瀏覽玩遊戲。
我寫油詩交老妻，
電腦打字見功力；
沒有錯失行列齊，
合作完成有意義。

天曉

莫怪世人容易老

歲月不居催人老，
步履蹣跚髮稀少；
欲振乏力早入睡，
期待明日見天曉。

煩憂

一事無成兩鬢絲

恐懼死亡襲心頭，
仙丹妙方盼長壽；
飲食生機最保健，
心情愉快不煩憂。

唾棄

一雙冷眼看世人

物價高漲百姓氣，
兩手一攤食肉糜；
有為政府視民傷，
無能官吏該唾棄。

孝親

百善孝為先

兒子長大盡孝心，
高價買錶祝壽辰；
烏中慈烏知反哺，
比做曾參詩詠吟。

懸　念

一看一斷腸

嫁到國外為人妻，
汪洋大海遠分離；
翹首頻頻天涯望，
一陣酸楚淚濕衣。

兒媳

十年持家付心力

提起兒媳心滿意
教育子女明儀禮
內外兼顧很得體
公司老闆讚大器

弄孫

春有百花秋有月

雲孫成長滿三春，
健康活潑且天真；
背念唐詩說英語，
樂得爺爺笑抽筋。
滋補高湯慢火燉，
哺之育之耗心神；
童言童語興奮劑，
逗著奶奶摟著親。

添孫

夏有涼風冬有雪

古老觀念根難拔，
不孝有三無後大；
先添孫女再生啥？
老二出生帶了把。
四歲稚齡人瀟灑，
兒子喜將兒子誇；
媳婦最是樂哈哈，
含飴弄孫學狗爬。

後記

初次試作打油詩，錯誤疏失難免，尚請不吝指正。

打油詩言簡意賅，琅琅和韻，但在台灣，僅祇趙寧博士一人，之外卻咸少見到作品。反觀大陸則不然，學人、報章，信手拈來隨處可見。今閱「人間福報」刊載北京師範大學博士生導師、中央文史館長、中國書法家協會主席，等職銜的為公先生，寫病中心情的一首打油詩〈痼疾〉，特予以轉載藉供雅賞。

痼疾

為公

痼疾多年除不掉，
靈丹妙藥全無效。
自恨老年成病號，
不是泡，誰拿生命開玩笑。
牽引頸椎新上吊，
又加硬領脖間套。
是否病魔還會鬧，
天知道，今天且唱「漁家傲」。

三、西樓絕句

序

二〇一二年孟冬於文山涵碧園

中國文學自堯典、禹貢之典雅散文始，時至今日，沒有任何一種文體，能夠如唐代之近體詩，最為言簡而能意賅。以五言、七言絕句言，短短二十幾個字，卻將山川秀麗、林野放嘯、田園淡泊、兒女情長之情、境、意，達到句窮而意不窮，微旨而意達，且可宮商自協的地步者，豈不令人驚呼贊嘆！

諺云：熟讀唐詩三百首，不會作也會謅。未能讀熟三百首，但是家有敝帚，享之千金，不是嗎，不過動動腦，有助預防老年痴化之發生，不知是否以為然呢？

台灣

下平
蕭韻

東瀛台灣島，
盛代比虞堯；
家家享安樂，
人人得逍遙。

蓬萊

下平陽韻

蓬萊稀霜露，
數九寒流強；
山嶺楓葉紅，
林間臘梅香。

花東

下平
陽韻

仙台臨海上，
岸芷散芳香；
錦鯨躍蒼海，
碧波掀白浪。

春暖

上平刪韻

春暖百花豔，
漫步近水彎；
解纜搖楫渡，
踏月賞花還。

夏暑

下平陽韻

懷鄉驚夢

夏暑曚曚寐，
鼾聲陣陣長；
迷離探金井，
夢囈斥強粱。

秋涼

下平庚韻

秋涼蟪蛄噤，
日暮孤雁鳴；
冰輪清泉照，
蒼穹北斗生。

冬寒

下平先韻

倏地烏雲湧，
霙粒阻道天；
朔風吹大地，
寒水凍山川。

回鄉

上平齊韻

回鄉經夏口，
旅次湖濱棲；
月亮移窗照，
思歸驚心啼。

平生

上平
真韻

作育四十年中，考評成績四十次甲等，一分耕耘，必有一分收穫。

平生一快事，
作育四十春；
念念評績甲，
欣欣榮譽珍。

惜時

下平豪韻

春來冬又去，
符舊換新桃；
歲月逝流水，
年華棄爾曹。

重陽

下平
尤韻

士林官邸賞菊，憶及王維九九
登高詩句有感。

菊花綻放香衣袖；
遍地楓紅迎季秋；
天九延年鞠酒壽，
重陽避惡茱萸麻。

清咸、同年間，洪陽起事，先祖方平謙公昆仲合力捐獻白銀四十萬兩，良田廿二畝，築寨保安，兵燹之禍，幸得安然。

輸將

上平寒韻

神州板蕩金田漫，（金田為洪楊起事之地）
烽火中原桑梓安；
砦垣輸將鄉里忭；
父老保全喜顏歡。

散學

上平寒韻

冰輪皎皎賞月樂，
士子惶惶噙淚歡；
萬里烏雲清月暝，
楚歌四面辰星寒。。

註：民國卅六年狼煙頻仍，中秋節晚會中，校長宣告：四面楚歌無以為繼，次日學校解散。

哀鴻

上平灰韻

避兵燹途中所見。

哀鴻遍野交兵災，
餓殍塗遺溝壑哀；
分手由此隔音訊，
相約更是費疑猜。

江河

下平陽韻

遠離家鄉赴江西省求學。

江河天塹失屏障，
士子相約奔貢章；
宋瑞志節青史貫，
廬陵學行士林光。

塊磊

下平豪韻

軍公教待遇改革有感。

胸中塊磊心中笑，
口是心非惟爾曹；
官官玉言任銷爍，
元元默語付一刀。

淡江

上平江韻

山原盈視心怡曠，
雨霽虹凝映淡江；
日落冉冉天接水，
月出彎彎水上舡。

日月潭

下平尤韻

日月明潭氣靈秀，
波清水碧泛扁舟；
竹嘉林麗與霜露，
天闊雲高飛鷺鷗。

詠涵碧園新廬

下平尤韻

重巒疊翠雲出岫，
鳥囀華亭椰蔭幽；
流水湯湯繞廣廈，
朝陽悄悄照瓊樓。

耆耄

下平豪韻

八十有一初度

耆耄年齡何言老，
健保全民歲壽鼇；
弟子祝福南山壽，
子孫獻我天母桃。

四、西樓雜文

序

二〇〇〇年於文山辛亥樓

文章之體裁稱之為文體，猶如人之有身體，物之有物體，政治有政體，國家有國體。文體即文章內容，大凡言之，可分為記敘、抒情、論說、應用四類。

今將信札、對聯及興之所至寫一些雜文，一時之間不知該歸類為何種文體，頓覺困惑不已，古人曾將修造宮室，遊覽山水之文體，稱之為雜記，姑且就稱之謂雜記？但仍覺不甚合體再經推敲，決定稱之為「雜文」，所謂雜者為五彩相合也。正合乎體裁之文體，所以稱之為「西樓雜文」之緣由是也。

核獅記

鄉彥徐志中先生字振華，日本侵華戰爭期間，曾任家鄉縣長，行憲後復當選國民大會代表，高壽辭世於台北新店中央新村寓所。

先生生前將其持有一甲子之久，原為我先人遺贈之果核雕獅一枚，慨然又轉贈留作紀念，我珍藏匣中視為至寶。

果核長一公分有奇，寬約五公釐餘，其中一面雕二獅，一獅嬉戲於山坳，一獅凝目緊隨在後，似母子，母親呵護其幼子之深情畢現，又一面，雕三獅於山石嶙峋之洞外，其一踞洞右之高處，引頸眈視張口齜牙，似有獅吼山崗之勢，其二在洞左之低處，一前一後，前者俯首匍匐，後者屈腿居步，似已覓見獵物俟機撲殺之姿，雕者無不因勢而像形，感嘆其靈巧之技，鬼斧神工之能，令人欽然起敬，所憾者不悉為何人、何時、何種果核所作。自古文人重繪畫而輕雕塑，所為雕蟲小技也，令人遺憾之事。

日前老妻伴我遊於市，選購一座木質小吊架，隨即將果核獅雕，由匣中移繫吊架之上，左右盼顧頗現單調，又欠美感，復至玉市購得玉雕小紅柿二粒，以為襯，置之於几上，此後既便於褻玩又宜於遠觀，不禁欣然而道好！

話 畫

國畫分寫意與工筆之別，習丹青者又各有其專工，或寫意花卉、山水或工筆翎毛、蟲魚、人物。文華女士杭州藝專畢業將軍夫人，專擅工筆人物畫，因與從兄嫂為至交，屢經懇託始得工筆彩墨，古裝仕女圖立軸一幅，得來不易十分珍惜。

仕女面若敷粉，月眉鳳目，桃腮櫻唇，雙耳珍珠串墜，香鬟墮髻，衣綾，袂衿交領，長袖掩手，紳帶柳腰，帶角輕揚飄逸一臂微舉，一手輕垂，素裙曳地，裙外有圍施施蓮步而行，背後芭蕉一欉，高越人，蕉葉向陽者深碧，背陽者色淺，仕女綺年玉貌之姿，靈秀俊美之氣，躍然紙上，彷彿活人，文華女士人物之技法，喟然嘆為觀止。

畫之右上，小楷正書題寫七言絕句詩，云：貼地宮蓮步步金，一鉤羅襪在花陰，何須更寫凌波照，響屧聲來已不禁，落款癸卯春，匏菴題於我是庵以應錫洲仁兄雅囑，落款文華。據五代後漢書載，京都人皆著木屐，後唐李煜生平載，後主喜讀書，精音律，其詞輕快俊秀，直抒胸臆，降唐後，在賜第仍命故伎作樂。概畫者題詩，大凡表達畫中意境，女士之畫，乃後主寫真乎。是也?非也?已無從考矣。

學習繪畫者眾，而成名家者寡，天賦固不可少，後天之臨摹，寫生、從師、訪幽探勝更不可缺，大畫家齊白石先生原為木工學徒，由八仙桌太師椅，師父之雕鑿中領悟而啓發。畫家張大千先生固然家學淵源，仍面對敦煌壁畫歷經多少寒暑之臨摹中而創新，成一代名家非一蹴即至，有恆心且有堅強意志者，方可以成一代名家。

京劇

二三步五湖四海；六七人萬馬千軍。京劇是人類文明中，被尊榮為世界三大表藝術的稀世瑰寶。無聲不歌，無動不舞，唱的是西皮二簧，演的是手、眼、身、法、步、秀的是唱、念、作、打。

自一千多年前北宋真宗時出現了雜劇詞詞作多為樂曲，伴以滑稽短劇演唱，至八百年前元代時，首由文學家寫雜劇，如關漢卿的竇娥冤，王實甫的西廂記，白樸的梧桐雨，馬致遠的漢宮秋，鄭光祖的王粲登樓等，始有演員上台演唱，雖然僅一人，不過有説白有動作，遂成了眾人的一種娛樂，一五三三年明嘉靖年間崑曲興起，已不限一人獨唱，可以對唱，更可以合唱，考究聲腔的變化，與戲服的美化，頓時之間，廣受歡迎。元雜劇因而沒落，終至滅絕，明末清初，除昆曲之外，地方戲曲蓬地發展起來，高腔、秦腔、柳調、徽調、楚調多達三百六十種之多，但僅只娛樂成份外，談不上藝術與美學。

一七九〇年清乾隆年間，安徽戲班進京，又大量吸收了昆曲，秦腔及民間小調，經過溶匯化合，逐漸成為劇種，即京劇，京劇以生旦、淨、丑分行當，以不同的發聲，吐字、行腔、換氣、唱情，表現不同的人物，不同的情格，於焉京中名角崢榮薈萃，時有四大名旦，梅、言、程、荀及四大鬚生，即余、譚、言、馬，另有葉派小生，裘派花臉，風靡了全國紅遍了大江南北，影響所及，看戲是高尚娛樂，聽戲是時尚休閒。

京劇具有優秀的傳統，精湛的藝術，廣闊的技巧，高度的美學，乃中華民族的文化內含，只可惜時下青年不願用心接近。

上烸牛肉

歷史在演進，文化在變遷，據說隋、唐以前國人飲食原是一人一份的冷食，五胡亂華之後，因仿學胡人，逐漸變為熱食習慣，影響所及，今至宴客舉著之間，仍不忘提醒「趁熱用」的叮嚀。

國土遼闊，形成氣候的不同，幅員廣袤，形成物產的不同，條件創造了各地烹調技藝的不同，與獨特風味口感的不同，以技藝來講，北方擅麵食變化，南方長米食變化，以風味來講，北京有烤鴨，南京有板鴨，寧波有醉雞，開封有風雞，東南福建有紅糟羊肉，西北新疆有烤全羊肉，飲食文化之多元，不一而足，不勝枚舉，台灣雖地處海隅，因得天時地利之厚，大江南北各地烹調技藝與風味口感，則一應而俱全，可以說台灣人有口福了。

若干年之前，台灣少有牛肉可啖，自從開放進口牛肉之後，嗜食者驟增，除原有清燉、紅燒牛肉麵之外，更有滷牛肉、醬牛肉、燻牛肉、蔥爆牛肉、涼拌牛肉、乾煸牛肉、大餅捲牛肉、蜜汁香辣脯牛肉，應有者似乎無不盡有，但尚欠一味垛牛肉，而付之闕如，霎時之間，馥郁馨香之氣撲鼻而來，口生津，嘴流涎，立即引發口腹之欲。

在北方城鎮之中，都有或多或少，信奉伊斯蘭教的回族人定居多則數十户，少則十數户，渠等俱以賣皮貨營生，而不善農耕，所謂皮貨，其一，是將綿羊皮毛熟理後，製成皮衣之原物料，漢人之能工巧匠再分別以皮毛之優劣，裱製緞面長袍或布面短襖等，其二，即以牛皮製革，作成馬車牲口用之皮鞭、遮脖、轠繩、籠頭等。

此外回族人中每過數九隆冬天氣，身懷獨門絕活，巧手烹煮調製垛牛肉者，也是眾回人中之少數一二而已，牛隻必須經由阿訇口念可蘭經之後動第一刀，如果為病牛或死牛，則拒為之，因此牛肉品質絕對信賴可靠，之後，由製作垛牛肉者分解整體牛隻投入特製大鍋中，早上入鍋，傍晚起鍋，至於施放何種調味佐料，則絕不為外人道，家中人也只僅傳子不傳女，經過七八小時大火燉煮之後，已香溢四鄰，然後分將牛之內臟、里肌、肋排、牛肩、牛腩、牛腱等，趁熱置放手推之平台獨輪車上，繩索綑綁，使一坨成一垛，經過一夜結凍之後，已緊緊凝固，次日上午即推車上市，車尚未來至定點，饕客們已一字人龍等候，至於喜愛什麼部位要買多少斤兩，則悉聽尊便。只見右手握刀柄，左手按刀背，刀起肉落，每片如紙。且大小無不一致，如果又以即時出爐之芝蔴燒餅夾其垛肉，外脆肉香、口感之美，真可謂此香只應天上有，人間那得回聞的珍饈，漢人仿製，總不得其竅門，惋惜的是，古早無電，也只能夠在寒冬臘月前後，才能夠吃得到。

如何寫好一篇論說文

開南職校期刊邀文
刊於開南青年26期

壹、前　言

國文科教學都免不了要求學生寫作文，但你若要問為什麼一定要寫作文呢？這個問題要從兩方法來說明，就教師言，因為它是學習效果的考查方法之一，就如同舉行月考、期考的目的是一樣；就學生言，可藉由它得以訓練思考能力、組織能力、發表能力之外，而且更是日常生活中的一種工具，譬如說動口說話是有聲的意念表達，那麼提筆寫作文就是無聲的意念表達了。既然說作文是如此的重要，但是提起它來，尤其是寫論說文，學生卻都又人人感覺它有點難，究其原因何在呢？大柢是不甚瞭解寫作文的方法，嫻熟寫作文的架構罷了，如果瞭解、嫻熟了以後，那就猶如庖丁解牛；遊刃有餘了，它又何難之有呢！現在就寫作的方法、架構略分四項逐一說明。

貳、方法、架構

一、審題：審題就是辨認題文，當揭示題目之後，就要特別仔細地看清楚文字，例如題目是：「談台灣地區遇雨淹水的緣由」，你若粗心不察，而大意地誤為「談台灣地區遇雨淹水的綠田」，於是埋首疾書，洋洋洒洒大作文章一番，雖然僅只是二字之誤，但是要知道差以毫里就失之千里了，這將成為一篇文不對題的作文了。

二、立意：立意就是建立主旨，這可從你的日常生活經驗中去尋找，經過一番構思之後便可確立，既已確立了主旨，以便控制題義，例如題目是：「談勤學」，你談勤學的意義，你談學勤的甘苦，你談勤學的目的，你談勤學的方法等都可以，但你如果在這篇作文中將談勤學的意義、甘苦、目的、方法等都一一作為主旨去談的話，那麼這將成為一篇雜辭無章的作文了。

三、運材：運材就是運取材料，經過審題、主意之後，已粗具骨骼，就要將平日所看過的，所驗過的，所做過的，更重要的是所讀過，搜尋出具體的資料選擇將為己用，這時已進入實際寫作的階段，也是最費經營的時刻，若運材素質良好，取用手法靈活，將成為一篇思想正確材料豐盈的好作文了。

四、布局：布局就是布置格局，即啓、承、轉、合的工夫。啓的部份，就是針對題目，或以解釋法，或以問答法，或以舉例法等，來說明題目的意思。承、轉部份，就是這篇作文的主論所在，可以用正反舉例法，可以用正文論証法，也可以用歸納法等，寫一段可以，寫數段也無妨。合的部份，就是將這一篇作文要作一結束了，或用勸勉法，或用評論法，或用感嘆法等，可依經驗而定，並不拘限非那一法不可。若規劃詳盡，步驟清楚，將成為一篇啓、承、轉、合貼切的好作文了。

參、結語：

胡適先生說：作文就是我手寫我口。如此說來，要寫一篇論說文並非難事，況且你已明瞭，嫻熟了四項方法、架構，現在要寫作文的話，當不致置筆三嘆了，不過西諺說：羅馬不是一天造成的。要寫好一篇論說文仍需要多記憶，多體會，用心精讀，用心練習，方始能夠達到遣詞雅潔，立意正確，布局穩妥，全篇通暢之境地啊！

訓示
兒女

人生無常，天年難測，固不免令人懷悲而情傷，不過兒已娶，女已嫁，賢媳快婿；且又有愛孫承歡膝下，平生似已了無遺憾。趁此思維尚且清明之際，爰將心中諸事示知汝等。父母皆已百年之後用以軾遵，手足至親之兄妹，當效梨讓之敬；而鄙鬩牆為羞。則雙親必將含笑於西天之上！

河之南觀感

「河之南」影碟，共兩片十集，道盡了家鄉的人與事。其製作之精緻，籌劃之嚴謹，令人激賞。

中洲大地，地靈人傑。自商周至漢唐，聖者、賢者輩出，文明了天下，教化了四方。我土我民；後世千載也享其榮光！

諺云：木高百丈有其本，水流千里有其源。追本溯源可以快心意，可以解鄉愁。

劉錫洲誌并贈二〇〇七年七月

為友人陳德誠先生作嵌名聯

明德親民止至善

意誠心正先致知

為學生陳健昌作嵌名聯

健往開來立天地

昌其正道振飛邦

為友人開設日本料理店小巷亭作嵌名聯

小酌怡情

巷幽街調和日料留香

亭閣中群賢咸佳事

為宗兄令嬡溫婷婷作嵌名聯

溫文儒雅

娜娜柳拂面

婷婷荷蓮姿

國際佛光會中華總會　文山第二分會　95．8．26

讀書會研討題目：國字字例

一、字形源流

五體	字形	說明
甲文		殷商，公元前1600年，刻在龜甲、獸骨上的文字約5000片。
金文		西周，公元前1046年前，器皿鬲、尊、盤之銘文。
篆書		秦，公元前221年，瓦當上發現小篆。
隸書		西漢，公元前141年至東漢公元220年，脫離古文字、定型隸書。
楷書		魏，公元230年，由隸入楷。

二、六書分類

六書	字例	說明
象形		山川之氣，象層雲舒卷之形。
指事		木下日本。
會意		日上為明，言日上三竿，天已大明。
形聲		ㄋ為人，反身有停止之意，止聲。
轉注		以手制人，使其跪下，乃命令之意。
假借		本無其字，依聲託事。禮記禮運大同篇：男有“分”，女有歸。

三、正、簡體字

正	簡	正	簡
墜	坠	鄧	邓
讓	让	漢	汉
簾	帘	僅	仅
麵	面	區	区
蟲	虫	歡	欢
兒	儿	雞	鸡
聶	聂	風	风

備註

1. 字之構造，若依其源流，即合其義理。
2. 麤土、塵、尘

中原鄉音拾記

13 旮旯(ㄍㄚ ㄌㄚ):東西放在牆旮旯。

14 嘎巴(ㄍㄚ ㄅㄚ):滿臉飯嘎巴。

15 生滑(ㄙㄥ ㄏㄨㄚ):那小孩很生滑

16 作摩(ㄗㄨㄛ ㄇㄛ):讓他作摩了作摩了。

17 耷拉(ㄉㄚ ㄌㄚ):衣服太長耷拉下來了。

18 下作(ㄒㄧㄚ ㄗㄨㄛ):吃相太下作。

19 笸籮(ㄆㄛ ㄌㄨㄛ):竹笸籮裏裝麥子。

20 提溜(ㄉㄧ ㄌㄧㄡ):手裏提溜是啥?

21 忒楞(ㄊㄜ ㄌㄥ):小鳥忒楞飛了。

22 嘟囔(ㄉㄨ ㄋㄤ):你嘟囔個啥?

23 攛掇(ㄘㄨㄢ ㄉㄨㄛ):大家一攛掇就成功了。

24 嘁喳(ㄑㄧ ㄔㄚ):安靜,不要嘁喳!

1 搦 ㄎㄨㄛˋ：一搦就乾了。

2 敁 ㄉㄧㄢ：敁一下有多重？

3 搋 ㄔㄨㄞ：錢要搋在懷裏。

4 鐺 ㄔㄥ：炒菜鐺。

5 撅 ㄐㄩㄝ：撅尾巴。

6 揳 ㄒㄧㄝ：牆上揳釘。

7. 撘 ㄉㄞ：一撘就斷了。

8 庹 ㄊㄨㄛˇ：一庹有多長？

9. 擓 ㄎㄨㄞˇ：擓籃去買菜

10 扠 ㄓㄚˇ：一扠高

11. 攤 ㄋㄢˇ：攤他出去。

12. 攮 ㄋㄤˇ：攮他一刀。

殷董事長○○雅鑒：

楚府從贊精心擘劃，得將台灣南北高速鐵路順利通車，福國利民，厥功至偉。

承饋列車模型一組，製作精緻巧奪天工，令人愛不釋手，厚情永感，謹此致謝。敬頌

勛綏

全○○拜上
九十六年一月十三日

代全董事長　寫覆函

王市長○○先生勛鑒：

辱蒙新年賀歲，隆情無任感荷！

不親謦欬，又久疏言問，倍深馳思。昔日賜我多珍，情誼厚貺，永感誼深。

茲值歲序履端，惠風梳柳，雨洒花紅，大地回春之際，恭維

勛猷卓越，動定綏和，以欣以祝。敬此，祇頌

春祺

仝　率子仝　頓首

二○○五年二月

為穿兒服務之公司前董事長全友先生致江蘇南通市長函。

○○先生伉儷：

溽暑酷夏時，幸會陽明山麓，承款待午餐，熱忱盛情，五中感懷！

今逢中秋佳節，敬奉達素食月餅乙份，聊表敬意，即請哂納。

若有閒暇，敬迎儷駕光臨寒舍閒話家常。即頌

秋祺

晏

劉錫洲 拜

九八年 中秋節

○○先生暨夫人：

久違不見不悉近況，但願別來無恙，有感於日月易逝，形骸已老，閒中無事，拙寫「浮生拾記」以誌回憶，今寄奉　小冊一本，尚請不吝舉斧郢正，以匡不逮，特此即頌

夏綏

弟劉錫洲拜上

美可教授尊鑒：

賜贈窗內叢之詩稿大作共首，拿燈奉讀，愛不能釋，字字珠璣，意境入勝，三首首盡古刹，塞外陰磧野花，得以神遊，不亦快哉！

今待腿疾痊癒伴隨 以側遨遊中華錦繡大地。謹此敬頌

暑安

弟 劉錫鈞鞠躬 九月 廿八日

屠公：

照片收到了，謝謝！和您的合照我們很珍惜，將作為我們的永久紀念。

上月三湘巴蜀行，因為您的偕遊，我們倍感愉快又充實。待明年春中，輕儵出水，白鷗矯翼之際，儻能再次同遊、齊魯大地，必更有深趣，企盼等待成行。耑此 即頌

文祺

後學劉錫洲拜

十一月五日

之琳：

謹隨函並遠東文娛服務公司印製之月

曆一份，國曆農曆並顯，華年特有方便

近來陰晴冷暖不定，各自可適穿感冒避

請保重福體是所至盼。

敬祝

新禧

姐

孫沂叩上

一月

廿二

〇〇仁弟：

令慈大人九月十五日覆示敬悉。台風夜裡。風狂雨驟之際奉讀傳真，宛如風雨故人來的欣忭！信中語多關懷，德范崇高，使人永遠景仰懷念！

令弟媳臨盆與日漸近，今僅匯寄貳佰美元，待分娩後煩勞代為買隻老母雞；添件嬰兒衣服。如此意念，當非意會你們欠缺什麼，只是預賀府中瓜瓞綿綿之禧，我想分點喜悅而已。心意如此，如果辭讓那就太見外了，萬請哂納。專此即頌

事業順遂

愚仁兄
劉錫洲
司常青
頓首二〇〇一年十一月一日

華公尊鑒：

日前從華大壽回，陪侍嘉賓中，聆聽宗親譜牒撰修之經過，不惜勞心費力以達成功，衷心欽敬！

近讀人間福報副刊，載，連續：古代人不可不懂的學問，其中「郵」，立姓氏由來人文、鏡窗意涵，特檢附奉 閱，為此順頌

福祉

晚輩 錫濤敬上 六月廿四日

○○伉儷：

古諺說：大恩不言謝。雖然千個謝、萬個謝，也無法表達萬分之一的感謝，將永銘感在心了。

行程極愉快，驚見了時光可以倒流：沐浴了家庭的溫暖；饕享了家庭美食；已模糊了超越半世紀的記憶又重新鮮活了起來。時愈旬日的叨擾，認識了父慈子孝、兄友弟恭，家和必將萬事興的律証家庭和睦興盛，孕育了年輕才雋，使人羨煞，語云：相識即機緣，投緣乃有緣，如果不棄但願情誼永存。

令舅大人愛婿，下月末將有廣州行，屆時您們即會面，特煩托帶照片一疊，合家福放大照片一幀，諸親友玉照數張，及令弟媳服用的新寶納多一瓶，一并煩勞您代勞致送。

令尊慈合府各位同好，不另。

即此祝福

事業猛進

鄉叟劉錫洲
司常青　拜二○○一年九月五日

又：回程背負贈禮太多，特產太重。如今台灣也出現了一位劉羅鍋。不過高檔花瓶放置閣架後，果然一室馥馨滿屋生輝。不免要再說聲謝謝！

君梧吾兄：

承 寄經惠贈大作，如獲至寶，不曾釋手，竟日

捧閱吟讀。

經重思：頗值玩味，遣論宏規撫：大節。文章錦繡：

字：珠璣，又寓風流，斑：工力，欽遲至感，為此奉函

致意。即頌

新年快樂

弟 劉錫[illegible]拜 六月

四日

高大醫師○○先生惠鑒：

月之四日，驟然之間軀體生變，痛苦莫名。著即由家人陪伴逕送貴院，急診後住院。後經由　先生心導管之檢視，承告：心功能正常，驚悚之心始得釋然。

凡歷經數天，感受　先生痌瘝在抱之精神，急診室施救之妥善，心導管室視病猶親之態度，五內不勝銘感，今特奉函一併致謝。專此

敬頌

醫綏

就診者 劉錫洲　拜上 八月十日

文老〇〇先生：

天天企盼書法家賜贈的墨寶對聯，心中真如大旱之天望雲霓，終於郵差今天來按鈴了。

全家人慕悅欽遲書法大家的書法，風格蒼勁，筆力渾厚，這付對聯我們視如奇珍，將用之以傳家謹此敬謝，再謝！恭祝

吉祥康泰

後學 劉錫洲拜 四月廿日